당신은 어떻게
살아가고 있습니까?

프롤로그
_김민섭 작가

 이 책은 강릉원주대 학생들과 함께 쓴 것입니다. 매주 월요일 저녁마다 모여 서로가 쓴 글을 나누고 격려한 결과물을 모았습니다. 많은 사람들이 말합니다. 책을 한 번 내 보고 싶다고. 그러나 대부분은 다시 말합니다. 나는 책을 낼 만한 글을 쓰는 사람이 아니라고. 그러나 한 가지 태도를 가지게 된다면 책을 낼 만한 글을 쓰는 일은 그리 어렵지 않습니다. 바로 '진솔함'입니다. 자기 자신의 내면을 섬세하게 들여다보며 진솔하게 써 나간 글은 힘을 가집니다. 잘씀과 못씀의 경계는 사라지고 그 글을 계속 읽어나게 만듭니다. 그에 더해 다정함이라든가 겸손함이라든가 하는, 그러한 태도를 함께 가진 글이라면, 그건 모두가 함께 읽을 만한 글이 됩니다.

 5주의 시간 동안 학생들과 나눈 건 글 쓰는 방법만은 아니었습니다. 우리가 어떻게 살아가야 할 것인가, 우리는 어떠한 삶의 태도를 가지고 살아가야 할 것인가에 대해 이야기 나누었습니다. 그러한 말들이 각자에게 어떻게 가서 닿았는지는 알 길이 없습니다. 다만 그 시간이 그들이 자신의 길로 한 발 더 나아갈 용기와 이유를 주었기를 바랄 뿐입니다.

진솔함을 담은 다섯 학생의 글을 당신에게 보냅니다. 그들이 이 책을 계기로 계속 기록하는 삶을 살아나갈 수 있길 응원합니다. 함께 응원해 주세요.

프롤로그 03

금영현 06
- 말간 사랑 07
- 사랑하지 않아 10
- 차분하게 생각해 보면 그렇다. 13

김은서 18
- 솔직하게 할 말이 있어 엄마 19

박예찬 34
- 여행의 속도 35
- 당신은 어떻게 살아가고 있습니까? 40

이승환 46
- 잃어버린 소중함 47

이진희 52
- 향기와 대화 53

작가 소개_ 금영현

나는 사랑을 모릅니다. 사랑을 말하면서도 사랑을 모릅니다. 사랑을 알고 싶어 버둥치지만, 아직도 사랑을 알 수가 없습니다.
그러나 나는, 사랑을 알지 못함에도 사랑을 합니다. 내가 자란 바다를 사랑하고, 나의 친구를 사랑하고, 내가 나아갈 길을 사랑합니다. 내 사랑은 언제나 시퍼렇고 우울하지만, 어쩌면 나는 그런 내 사랑마저 사랑하는지도 모르겠습니다. 사람은 무수한 것들이 모호한 상태에서도 살아갈 수 있는 것 같습니다.
나는 바다가 보여주는 빛을 사랑합니다. 파광(波光)을 사랑합니다. 나는 파광입니다.

말간 사랑

  좋아하는 사람이 생겼다. 언제나 지레 겁먹고 도망치던 내가, 처음으로 마주하고 싶은 사람이 생겼다. 그도 나를 좋아하기를 바란다. 그랬으면 좋겠다. 당신은 알까? 나는 상처투성이라는 것을. 별 볼 일 없는 이라는 것을 나는, 형편없는 존재라는 것을.

  나는 매일 도망친다.
  무섭다. 우리의 관계가 정의되는 순간이 견딜 수 없게 두렵다. 나도 엄마처럼 될까봐. 나는 엄마를 많이 닮았으니까. 엄마는, 정말 나쁜 사람이니까.

  두 번 다시는 사랑하는 사람에게 버려지고 싶지 않다. 그뿐이다. 난 그 사람이 정말 좋은데, 그 사람은 아닐 거다. 나는 나쁜 우리 엄마를 닮은, 나쁜 사람이니까. 나는 나쁜 사람이니까. 나는 사랑 따위 하면 안 되는 사람이다. 나는 그럴 자격 없는 사람이다. 나에게는 그런 자격이 주어진 일이 없다. 언제나 그래 왔다. 그는 나를 사랑하지 않을 것이다.

　사랑도 받아본 사람이 할 줄 안다고 하더라. 사랑은 종류가 더럽게 많다. 내가 받은 사랑은 기분 나쁜 사랑뿐이다. 내가 아는 사랑은 이것밖에 없다. 엄마는 나를 기분 나쁘게 사랑했다. 자기 내키는 대로 사랑했다. 나는 사랑을 모른다. 열심히 사랑하고 있지만, 나는 사랑한 적이 없다. 상대가 원하는 사랑을 내어줄 수가 없다. 나는 나쁜 사랑만을 안다.

　많은 편지에 적는다. 내 사랑은 푸른색이라고. 내 우울하고 맑은 사랑, 내 사랑은 이렇다. 우울하다, 우울하기 짝이 없다. 많은 이들이 말하는 그 평범한 사랑 한 번을 해 본 일이 없다. 그래서 한없이 맑다. 그렇게 한없이 무겁다. 저 멀리 깊은 바닷속에 처박힌 말갛고 무거운 사랑이다.

　이런 사랑을 그 누가 원할까. 내 친구들도 이 사랑이 참 부담스러울 거야. 나 같아도 그래. 그래서 눈물이 나. 내 사랑은 어디에도 갈 곳이 없어. 머물 수 있는 곳이 없어. 그러니 그도 내 사랑을 원하지 않을 거야. 이렇게 음침하고 기괴한 마음을 원하는 사람은 없어. 그래야만 해. 그래야 내가 좀 덜 슬플 거야. 상처받지 않을 수 있을 거야.

 이제 슬퍼하는 일도 지친다. 마음이 닳아가는 걸 느낀다.

 그럼에도 당신이 나를 좋아하기를 바란다. 그대가 나를 사랑하기를 바란다. 이 거무튀튀한 마음이, 이 사랑이 당신으로 인해 바뀌어 가기를 바란다. 아니 사실, 바뀌지 못하더라도 괜찮다. 그저 당신의 사랑을 보고 싶다. 내 것이 아닌 다른 사랑을 보고 싶다. 축축하고 기분 나쁜 내 사랑이 아닌 사랑을 보고 싶다. 내가 알던 사랑과는 다를 그 사랑을 보고 싶다. 사실 그대의 사랑이 나와 같아도 괜찮다, 거뭇한, 기분 나쁜 사랑이어도 상관없다. 그 마음이 나를 향한다면 좋겠다. 당신과 사랑 하고 싶다. 혹 이 마음의 끝을 보는 날이 찾아와도, 당신 사랑 덕분에 행복했다 할 수 있기를 바란다.

 그대에게 내가, 나에게 그대 같은 존재이기를 바라며.

사랑하지 않아

　할머니가 돌아가셨다. 지난 토요일에 뵙고 왔는데, 오늘 아침 돌아가셨다.

　나는 그를 사랑하지 않는 줄 알았다. 우리 엄마를 아프게 한 사람이고, 우리 엄마는 그를 많이 닮았고, 나도 우리 엄마를 많이 닮았다. 엄마는 할머니가 자신에게 그랬던 것처럼 나를 아프게 했다. 자식을 상처입힌 사람의 자식은 또 제 자식을 상처입혔다. 나는 아이를 낳지 않을 것이다. 나는 사랑하지 않을 것이다. 나는 그 누구도 아프게 하지 않을 것이다.

　그러나 나는 그를 사랑했다. 우리 할머니를 사랑했다. 엄마도 할머니를 사랑했다. 할머니의 육신을 태우던 날, 엄마는 다섯 남매 중 가장 슬프게 울었다. 엄마는 할머니를 죽도록 미워하며 사랑했다. 나도 우리 엄마를 사랑한다. 사실 잘 모르겠다.

아마 사랑하지 않을까. 나는 엄마를 엄마라고 생각하지 않지만, 엄마라고 생각한다. 엄마를 사랑한다. 엄마는 내 기둥이었다. 아마 할머니도 엄마에게 그런 존재였겠지.

  할머니와 인사하며 생각했다.
  나는 우리 엄마가 죽었을 때 저렇게 엉엉 울 수 있을까? 엄마가 떠나는 길을 그토록 화려하게 꾸며줄 수 있을까? "나는 상복 말고 한복 입혀줘. 고운 걸로 입혀줘." 하던 할머니 말을 들어준 이모들처럼, 엄마의 원대로 해줄 수 있을까? 영정 옆을 그렇게 많은 꽃으로 가득 채워줄 수 있을까? 그렇게 많은 사람들이 엄마를 위해 기도하러 올 수 있게 해줄 수 있을까?

  엄마의 명복을 빌 수 있을까?

  난 끊임없이 던진 수많은 질문 중 그 어떤 질문에도 답하지 못했다.

  질문과 답을 거듭하다 결국 마지막에 든 생각이 있다. 엄마는 할머니를 너무나 사랑해서 그의 소원을 들어줬을지 몰라도, 나는 엄마를 사랑하지 않기에 그의 소원을 들어줄 것이란 것.

괜히 찜찜하고 싶지 않다. 죽은 사람 소원 하나 안 들어줘서 여생을 죄책감에 살고 싶지 않다. 엄마 때문에 그러고 싶지 않다. 엄마는 더 이상 나를 괴롭힐 자격이 없다. 죽어서까지 나를 괴롭힐 권리가 그에게는 없다.

나는 엄마가 원하는 장례를 치러줄 것이다. 나는 엄마를 사랑하지 않는다. 나는 괴롭고 싶지 않을 뿐이다.

차분하게 생각해 보면 그렇다.

 차분하게 생각해 보면 그렇다. 내 삶은 나의 것이다. 내 사랑은 참 많이 어렵고 또 어렵지만, 그럼에도 이 사랑이 살아갈 곳은 있을 것이다. 내 사랑은 숨 쉴 것이다. 그렇게 믿는다. 그렇게 오늘도, 나는 사랑을 한다.

 인생의 가장 큰 고비는 열일곱이었다. 평생을 그랬던 것처럼 그날도, 뭣 같은 하루였다. 학교를 마치고, 출근하고, 퇴근하고. 그냥 그렇게 평범하게 뭣 같은 하루였다. 그는 언제나처럼 자기 내키는 날 나를 데리러 왔다. 그의 차를 타고, 그가 데려다주는 집까지 가는 길이 참 불편했다.
 내가 세상에 존재하면 안될 것 같은 그런 날이었다. 그날도 그랬다. 열일곱의 나는 그가 나를 상처입힌 일을 친구들에게 말해준 일이 있다. 그 때문에 수많은 죽음을 생각했던 날들을 털어놨다. 그가 알게 될 일은 없어야 했는데(어쩌면 알기를 바란 날도 있었다, 아주 많았다) 어디서 듣고 온 것인지 그날, 집 앞에 세운 차 안에서 나를 추궁했다. 그런 일이 있느냐고. 아니라 말했지만, 그는 넘어가지 않았다. 결국 사실을 말했고 그는 그에 대한 답인지 궁금하지도 않은 자기 얘기를 내게 던졌다. 듣고 싶지 않았다. 정말 듣고 싶지 않았다. 그따위 형편없는 이야기는 내가 알아야 할 일이 아니었다. 내 알 바가 아니었다. 그가 나를 향해 던진 이야기는 결국, 그에 대한 내 죄책감만이 내 마음에 살아있게 했고 그렇게, 나는 나를 원망하며 살아갔다. 오늘도 나는 나를 원망하며 살아간다. 있는 힘껏 그를 미워하고 저주하는 일을, 두려워하고 또 슬퍼하는 나를 원망하면서. 나는 그렇게 어제를 오늘을, 지겹게도 다시 찾아올 내일을, 살아낸다.

  오늘도 나는 이 마음이 그 생을 다하기만을 기도한다. 이 기도 중에도 그의 삶을 안쓰러워하며 이 기괴한 모습의 사랑을 멈추지 못하는 나의 모습을 원망한다. 폭력적인 그 전달의 때에, 그가 눈물을 흘린 일에 마음 아파하는 나를, 그를 슬프게 한 많은 존재들을 미워한 그의 옆에서 함께한 나를, 앞으로도 이 사랑을 끊어내지 못할 나를. 이 마음의 생이 다하기만을 기도한다.

사랑이라는 말 아래에는 많은 부정이 있다. 그리고 사랑은 참 다양하다. 너무 다양해서 진짜 가지가지 하시네요 소리가 절로 나온다. 진절머리가 난다. 도대체 어디부터 어디까지가 사랑인가. 누가 명확하게 정의 내려 주기만을 바랐다. 지쳤다. 이제는 내가 그 정의를 내릴 것이다. 나는 이제부터 내 사랑을 정의 내리기 위한 길을 떠날 것이다. 더 이상은 울지 않을 것이다.

　나는 집을 잃었다. 내 마음을 둘 곳 하나가 없다. 이리저리 방황하는 것밖에는 할 수 있는 게 없는 사람이 되었다. 참 무기력하다. 이제 나는 무엇을 할 수 있나 걱정만 거듭한다. 마음 둘 곳이 없는 사람은, 마음이 없는 사람은 어떻게 살아가는지 나는 본 일이 없다. 그런 사람이 세상에 나 말고도 존재하는 일은 없을 것이다.

　내가 중학교 때, 한동안 참 좋아하던 노래가 있다. 내가 사랑한 모든 것들은 나를 눈물짓게 할 테니까. 어떤 만화의 대사로 나는 이 말을 먼저 알고 있었다. 사실은 이 노래를, 이 말을, 아직도 참 사랑한다. 내가 사랑한 모든 것들은, 나를 눈물짓게 했다. 앞으로 내가 사랑할 많은 것들도 나를 눈물짓게 할 것이다. 어쩌면 나는 사랑 덕분에 웃는 일은 못 할지도 모르겠다. 내 사랑은 참 어렵고, 또 슬프다. 내 사랑은 언제나 나를 울린다. 울리기만 한다. 바보같아라. 우습다. 우스워서 죽고 싶은 지경이다.

 나는 새로운 집을 찾아 떠돌아다녔다. 계속해서 찾아다녔다. 내 마음을 둘 곳을 찾아, 온전한 나로 있을 수 있는 곳을 찾아서.

 길지 않았어야 할 방황은 생각보다 길었다. 아직 끝나지 않았기 때문이다. 나는 지금도 집을 찾아 떠돌고 있다. 쉴 곳이 필요해 쉬지 않고 헤매고 있다. 얼른 이 시간이 끝났으면 좋겠다. 이제는 그만, 헤매고 싶다.
 실은 몇 번 마음 둘 곳을 찾았었다. 그런데 말이야, 마음을 두는 일도 그리 쉽지 않더라. 이것저것 재고 따지고, 내가 하는 게 사랑인지 장사인지 모르겠더라. 그래서 결국 오늘까지도 나는 헤매고 있다. 앞으로도 그렇겠지. 이제 와서 말하지만 아마 집은 구하지 못할 거야. 사실 이미 알고 있었어. 내 마음을 내 마음에 두지 어느 누구의 마음에 둘까.

 차분하게 생각해 보면 그렇다. 내 마음은 내 마음에 있다. 내 사랑은 참 많이 어렵고 또 어렵지만, 그럼에도 이 마음은 이곳에 살아 숨 쉴 것이다. 내 사랑은 숨 쉴 것이다, 그렇게 믿는다.

그렇게 오늘도 내 마음은, 사랑으로 살아간다.

작가 소개_ 김은서

이 책을 읽으신 분들게 이런 말을 전하고 싶었어요. 동성애자도 평범한 사람이에요. 이상한 게 아니에요. 남들과 똑같이 학교를 다니면서 공부를 하고 자기관리를 위해 운동도 하며 끼니를 챙기고 일하면서 돈 벌고 연애도 하는 그냥 평범한 사람입니다.

이 책을 읽으신 분도 동성애자라면 이런 말을 하고 싶네요. 우리 더 당당하고 떳떳하게 살아요. 행복하세요. 라고.

처음 적는 책이라 많이 서툴지만 읽어주셔서 감사합니다.

솔직하게 할 말이 있어 엄마

　중학생이 된 나는 여자 축구부를 입단하기 위해 강릉까지 왔다. 초등학생 때부터 축구를 했지만 처음 겪는 단체 생활이었고 여자 친구들끼리 볼을 차는 것은 처음이라 새로운 것도 어려운 것도 낯선 일들도 많았다. 점점 적응을 하며 친구들도 사귀고 수업도 재밌게 듣고 운동도 열심히 했다. 그런데 평범했던 어느 날 중학교 3학년 언니와 2학년 언니가 손 잡고 걸어가는 걸 봤다. 저 둘은 꽁냥꽁냥 장난 치며 사랑스러운 눈빛으로 서로를 쳐다보며 걷고 있었다. 서로 사랑하는 게 보는 나까지 느껴져서 그냥 되게 예뻐보였다. 여자랑 여자가 만날 수 있구나. 동성 연애를 본 건 처음이었다. 나는 그리 놀랍지도 신기하지도 않았다.

　1년이 흐르고 2학년이 됐다. 학교에는 나를 잘 챙겨주는 언니가 있었다. 맛있는 게 있으면 늘 우리 반까지 와서 챙겨주었고 쉬는 시간마다 언니랑 또는 언니 친구들이랑 다 같이 놀았다. 언니랑 노는 게 즐거웠다. 주말엔 내 친구랑 언니랑 언니 친구까지 네 명이서 노래방도 가고 카페도 가며 놀았다. 나는 언니 무릎에 누워있기도 하고 팔짱도 끼며 편하게 기댔었다. 그렇게 잘 지냈었는데 어느 날부터 언니가 멀어지는 느낌이 들었다. 나는 그게 섭섭했고 속상했다. 그렇게 이젠 쉬는 시간에 놀지도 않게 됐고 주말에도 당연히 만나지 않게 됐다. 그러다 벌써 언니가 졸업이라 떠나는 날이 왔다. 그 날 저녁에 언니한테 긴 장문의 페메가 왔는데 그 내용은 우리의 추억이 깃든 내용들이 줄줄 적혀 있고 마지막 문장으로 나 사실 너 좋아했었어.

근데 넌 아닌 거 같은데 나 혼자 그 감정이 주체가 되질 않아서 너랑 거리를 뒀어 그렇게 아무 말 없이 멀어져서 미안해 잘 지내. 라는 문장이었다. 그 때 처음 알았다. 아 나도 언니를 좋아했었네. 태어나서 한 번도 누군가에게 호감도 좋아하는 마음도 들었던 적이 없었는데 그런 감정을 전혀 몰랐는데 처음으로 깨닫게 된 날이었다.

고등학생이 되었다. 열심히 운동하고 재밌게 놀고 힘들지만 공부도 열심히 했다. 아 먹기도 열심히 먹고 잠도 열심히 잤다. 나는 우리 학년 친구들 뿐만 아니라 선배들하고도 잘 친해졌다. 친하게 지낸 네 명의 언니들이 있었다. 다 친했는데 그 중 한 명의 언니랑만 연락을 자주 했고 틈이 나면 전화도 자주 했다. 네 명 모두 노는 게 즐거웠지만 한 명의 언니랑은 묘했다. 그 언니랑 있으면 설렜고 떨어지면 보고 싶었다. 그렇게 언니랑 시간을 많이 보내게 됐고 밤새 통화를 했던 날이 있었는데 그 때 우린 서로 호감이 있는 걸 확인했다. 그 후 같이 보내는 시간이 많아질수록 서로의 감정이 커져 우리는 드디어 연애를 하게 됐다. 중학교 3학년 때 첫 연애를 했긴 하지만 확 불탔다가 시든 그런 짧지만 굵은 연애를 했어서 이번 연애는 그러기 싫어 더 길게 썸 타고 연애를 시작했다. 나는 중학교 때도 고등학교 때도 한 번도 여자 만나는 걸 숨긴 적이 없었다. 왜냐면 내 주변엔 여자 만나는 사람들이 많았는데 숨기는 사람이 한 명도 없었고 나조차도 숨기고 싶은 마음이 전혀 없었기 때문이다. 왜 숨겨야 되는지 모르겠기도 하다. 한국 사회 시선이 좋지 않는 것도 알고 한국에선 동성애 결혼도 안 되는 걸 알지만 그렇다고 서로 사랑하는데 남들 시선을 신경 쓰고 걱정하며 남들 피해서 만나고 싶지 않았다. 그렇게 언니랑 자주 데이트를 하며 100일이 지났고, 150일이 될 때쯤엔 우리는 서로 변함을 인지했다. 서로 감정이 전 같지가 않았다. 이젠 데이트를 해도 즐겁고 행복하지 않았다. 그 사람과 연락하고 만나는 게 설레지가 않았다. 그렇게 우린 헤어졌다. 일주일 정도 엄청 울었다.

학교에서 스쳐 지나가는데 갑자기 울컥해서 혼자 도망쳐 울고 그 언니랑 찍은 사진들을 지울 때도 눈물을 흘리고 같이 갔던 카페를 가도 언니 생각이 많이 나서 슬펐다. 그렇게 한 달이 지나니 무뎌졌다. 몇 개월이 지나 나는 또 연애를 했고 이별을 했다. 그냥 남들처럼 연애와 이별을 겪은 고등학생이었다.

  나는 엄마랑 친하게 지냈다. 서로 고민이 있으면 얘기하고 들어주고 서로 장난도 치는 사이었다. 집에 단 둘이 있는 어느 날 엄마는 나한테 넌 연애 안 하고 싶냐고 한 번도 해 본 적이 없냐고, 모솔이냐고 장난을 치셨는데 나는 엄마한테도 내가 여자 만난다는 걸 솔직하게 말하고 싶었다. 우리는 거실 소파에 나란히 앉아있었다. 그래서 나는 엄마한테 엄마 저 할 말이 있어요 라고 말을 꺼냈다. 엄마는 진지한 얘기야? 라고 하셨고 나는 네 근데 엄마한테는 꼭 용기내서 말하고 싶어요. 엄마, 저 사실 여자 좋아해요. 이 말을 들은 어머니는 크게 놀라시지 않았다. 아 그래? 라고 하시며 언제부터 여자를 좋아했는지, 연애는 해봤는지, 스킨십은 했는지. 어머니의 질문에 나는 다 대답해 드렸다. 나는 중학교 때 언제 어떻게 여자를 좋아하게 됐고 이런 사람들과 이런 연애들을 했어요 말을 꺼냈다. 내 말을 다 들은 어머니는 너가 어려서 그런 거야 너가 여자들이랑 같이 살고 운동하는 환경이었어서 그러는 거야 너가 잘 모르겠으면 정신 병원 가보는 건 어때 라고 말하셨다. 나는 이렇게 말했다. 엄마 나 가벼운 마음으로 여자 만났던 거 아니었고 내 맘이 어떤 맘인진 저도 알아요. 엄마 말대로 제가 어려서 그런 거라고 생각하실 수 있으실 거 같은데 저는 그건 아니라고 생각해요. 근데 환경 탓은 잘 모르겠어요 저도 그런 환경이 아니었으면 안 그랬지 않을까 생각도 해봤는데 그런 환경이 아닌데 여자 만나는 사람들도 많아요 엄마 그러면 저는 그런 환경이 아니었어도 만났을 수 있을지도 모르잖아요 말씀 드리니 어머니도 그럴 수도 있겠구나 라고 말을 하셨다. 내 주변 친구들 중 커밍아웃 했을 때 화를 내셨던 분도, 믿지 않으셨던 분들도 있고 자기 부모님은 들으시고 연을 끊자 하실 거 같다며 말을 못 하는 친구들도 있었다. 그래서 엄마가 어떤 말을 해도 상처 받지 말자라는 생각을 갖고 말했는데 그럼에도 불구하고 나는 상처받았다. 내가 제일 믿고 사랑하는 사람에게 꼭 하고 싶은 말을 하고 들은 답은 회피였다. 나는 인정을 바라진 않아도 존중은 바랐다. 그치만 그 후에도 엄마는 너가 어려서 그래 바뀔 거야, 라고 말하셨다.

스물두 살이 되었다.

 스물두 살인 지금, 165일 된 연하 여자친구가 있다. 이 친구의 이름은 서. 서는 작년 10월에 처음 알게 됐다. 어떻게 알게 됐냐면 나랑 서, 둘 다 친한 빈 언니 때문에 알게 되었다. 요즘 MZ는 인스타로 알게 되고 연애한다는 얘길 들은 적이 있는데 생각해보니 우리도 그렇게 만났다. 우리는 서로를 인스타로 알게 되었고 서한테 내가 DM을 하며 처음 연락을 하게 되었다. 친한 언니 스토리로 서를 처음 봤는데 보자마자 든 생각은 아, 진짜 예쁘게 생겼구나였다. 엄청 호감은 아니고 그냥 친해지고 싶다 생각했다. 그렇게 연락을 이어갔는데 그 때 나는 너무 바빴고 나는 원래 폰도, 연락도 잘 안 하는 성격이라 서랑 많은 대화를 하지 못했다. 서도 나한테 전혀 관심이 없어 보여서 그 이상 진전을 바라지도 않았고 생각할 겨를도 없었다. 그런데 어느 날 서가 하루를 마치고 자기 전에 나랑 전화할래? 라고 말을 뱉었다. 나는 방에서 전화하고 싶지 않고 걸으면서 전화하고 싶어서 서에게 좋아 잠시만 기다려줘 라고 전하고 부랴부랴 겉옷을 걸치고 밖으로 나갔다. 뭔가 그 때 감정은 약간의 설렘과 떨림이었다. 그렇게 밖으로 나와 걸으면서 우리의 첫 전화가 시작됐다. 서는 내 생각과 비슷하게 그리 높지도 않고 엄청 낮지도 않는 목소리였다. 서도 내 목소리가 생각했던 목소리랑

비슷하다고 근데 생각보다 조금 낮은 목소리구나 말하였다. 우리는 그렇게 서로의 학교, 일상, 이상형 등 많은 얘기를 했다. 서는 실용음악과 학생이었고 나는 체육학과 학생이다. 서로 같은 예체능이지만 다른 부류라서 서로를 멋있어 하고 궁금한 게 많았다. 나는 늘 노래 부르는 사람을 멋있게 생각했고 나도 노래를 잘 부르고 싶다라는 생각이 있었다. 나는 늘 걸을 때나 자기 전에나 노래를 정말 자주 듣는 사람으로서 서한테 더 큰 매력을 느꼈다. 그 때의 전화에서 서도 운동하는 내가 너무 멋있다. 축구하는 거 나중에 보여주라며 칭찬을 많이 해줬던 거 같다. 그리고 우린 서로 이상형을 얘기했는데 되게 인상 깊었던 게 서의 이상형은 나랑 정반대인 검정색의 긴 생머리인 여자였다. 나는 운동을 할 때 불편해서 늘 짧은 머리에 자연갈색이라 밝은 갈색 머리칼이었는데 긴 생머리가 이상형이라는 말이 기억에 깊게 남았다. 그럼에도 불구하고 그녀의 이상형에 내가 적합하진 않지만 서가 나한테 호감 있는 게 느껴졌다. 아마 그녀도 나의 호감을 느꼈을 거라 생각한다. 그 후 다음 날 일어나자마자 서에게 연락을 했다. 나 잘 자고 일어났어. 밥 잘 챙겨 먹었어. 운동 열심히 하고 있어. 서스럼없이 내 하루 일과를 말해주고 그녀의 하루를 묻는다. 그럼 서도 나 오늘은 어떤 꿈을 꾸었어, 밥은 뭘 먹었고 나는 연습실에서 노래를 부르고 있어 라며 전부 대답해준다. 그렇게 하루 이틀 몇 주를 썸을 타며 보냈다. 생각해보면 누구 한 명이라도 나한테 마음이 큰가? 마음이 없진 않은가? 이런 불안감은 전혀 없었다.

 그렇게 자주 연락을 하다가 생각보다 만나는 날이 빨리 다가왔다. 2023년 11월 5일 일요일 우린 서울역 4번 출구에서 만나기로 했다. 약속 시간보다 10분 일찍 왔는데 너는 더 일찍 와서 나를 기다리고 있었다. 너가 연락으로 도착했다는 연락을 먼저 했어서 에스컬레이터만 올라가면 너가 있다는 걸 알아서 더 떨렸다. 그렇게 떨리는 마음으로 올라가서 너를 봤는데 와… 너무 예쁘더라 혼자 속으로 사진이랑 똑같이 생겼네. 검정 생머리가 잘 어울리고 생각보다 키가 작진 않네. 크고 예쁜 눈에 오똑한 코에 예쁜 입술이 오밀조밀 잘 어울리고 정말 예쁘다 생각다.. 나란히 서서 이경준 사진전 원 스텝 어웨이 전시회를 보러 걸어가는데 너한테 나는 향수 향이 특이했다. 근데 난 그게 좋았다. 흔하지 않고 특별해서. 그렇게 우린 전시회를 보고 카페를 가고 저녁을 먹고 노래방 갔다가 택시를 타고 서울역을 갔다. 서울역 가는 택시 안에서 너가 손 잡을래? 라고 말해줘서 우린 손을 잡고 계속 웃음을 짓고 떠들면서 갔다. 그 때도 엄청 떨렸는데 행복했다. 우린 각자 지하철을 타고 집으로 갔다. 둘 다 너무 보고 싶었는지 삼일 뒤 8일에 혜화에서 보고 이틀 뒤 10일엔 수원에서 보고 이틀 뒤 12일엔 잠실에서 봤다. 일주일에 4번이나 데이트한 건 내 인생 중 처음이다. 정말 극 I인 내가 방 밖을 나가기 귀찮아하는 내가 4번이나 데이트 했다니 대단하다. 그렇게 우린 여러 데이트를 하고 점점 서로 감정이 커져서 우린 연애를 하기로 했다. 나는 다시 학교를 가야 돼서 강릉으로 갔고 너는 서울에 있었다. 꽤나 많이 보고 싶은데 잘 참는 우리라서, 서로 없는 시간에 각자 할 일을 하며 열심히 사는 우리라서 만날 날을 기다리는 게 힘들지 않았다. 비록 한 달에 두 세 번 봤지만 너무 너무 좋았다. 우린 정말 안정 되고 행복하게 잘 만났다.

 그렇다고 힘든 일이 없었던 건 아니다. 우리의 연애를 서의 부모님이 알게 되셨다. 부모님은 바로 서를 데리러 오셨고 부모님과 서, 나까지 넷이서 카페에 마주 앉았다. 우리의 잘못으로 그런 자리가 만들어진 게 정말 죄송했다. 이런 첫 만남은 전혀 바라지 않았던 일이었다. 서의 부모님은 정말 화가 많이 나셨을 것이다. 서의 부모님은 서가 여자 만나는 걸 부정하셨다. 우리는 그 자리에서 혼날 건 혼나고 마지막으로 말씀하신 건 둘의 연애니깐 간섭하진 않을 거라고 그치만 열심히 살라고 말해주셨던 게 기억이 난다. 그렇게 얘기가 끝난 후 서의 어머님이 저녁은 먹었어? 안 먹었으면 먹으러 가자 라고 말해주셨다. 내가 미우실 텐데 그럼에도 자기 자식처럼 끼니를 걱정해주고 챙겨주시는 마음이 예뻐 보였고 그게 너무 감사했다. 우린 근처에 있는 식당에 갔다. 서랑 나는 뚝배기 불고기를 먹었고 아버님은 칼국수를 드셨다. 어머님은 입맛이 없으셔서 안 드셨고 우리가 배가 안 찰까 봐 만두도 시켜주셨다. 너무 죄송해서 불편하고 어색한 자리였지만 하나도 안 그런 척 하고 싶어서 열심히 먹었다. 잘 먹는 게 예뻐 보인다는 말이 생각나 무척 잘 먹으려고 노력했었다. 밥 한 공기를 비운 게 정말 오랜만이다. 서의 부모님 덕분에 따뜻한 한 끼를 먹고 나는 지하철을 타야돼서 같이 차를 타고 지하철 역을 갔다. 서가 데려다주고 오기엔 부모님이 차에서 기다리시니깐 바로 가야 될 줄 알았는데 감사하게도 데려다주고 오라고 서에게 말해주셔서 같이 내려서 지하철 역을 갔다. 우린 지하철 역 앞에서 서로 안아줬다. 오늘 고생했다고, 조심히 가라고, 집 가서 부모님께 더 혼나도 너무 힘들어하고 속상해하진 말라고 말해주고 헤어졌다.

그 후 다음 데이트를 나가는 날 서는 어머님께 나를 만나러 간다고 말했는데 서의 어머님은 서가 여자 만나는 걸 원치 않아서 나랑 헤어지라고 말씀하셨다. 평범하게 남자 만났으면 좋겠다 그러셨다. 서의 어머님도 나의 어머니가 내 커밍아웃을 처음 들었을 때처럼 많이 당황스럽고 하늘이 무너지는 거 같았고 부정하셨을 수도 있겠다 생각했다. 내가 감히 가늠해서 말할 수 없을 정도로 힘드셨을 거 같다. 그치만 그 말을 들은 서는 화가 났다. 우리 연애는 평범한 게 아닌 거야? 전에는 간섭하지 않을 거라면서 헤어지라니 등등 많은 얘기가 오가며 서의 어머님과 서는 그 하루 뿐만이 아닌 다음 날도 다다음 날도 다 퉜고. 내 생일 날 종로에서 데이트 했는데 그 날도 다퉜다. 표현은 못 했지 몰라도 자기보단 어머님이 먼저였던 서인데 서 인생에서 처음으로 반항을 했다. 서는 통금 12시였고 그걸 안 지킨 순간이 없었는데 서는 집에 들어가기 싫다고 빈 언니 집에서 자겠다고 그랬다. 서를 12시 전에 꼭 집에 보내고 싶었지만 서는 정말 슬픈 눈으로 언니 나 오늘은 정말 가기 싫어 라고 말하는데 네가 어떤 맘으로 뱉은 말인지 너무나도 잘 느껴져서 더 말을 이을 수 없었다. 그 날 너는 빈 언니 집으로 향했고 나는 집으로 돌아갔다. 어머님은 12시가 됐는데도 들어오지 않는 네가 걱정 돼서 너한테도 나한테도 전화를 엄청 하셨다. 새벽에 어머님의 전화를 봤음에도 못 받았다. 만약 받았으면 나는 너가 어딨는지 말했을 거고 어머님은 널 찾으로 나섰을 거 같아서 받지 못 했다. 어머님, 아버님, 서의 언니까지도 서가 걱정돼서 서는 언니에게 말하고 결국 어머님께도 말했다. 그 때 시간이 너무 늦은 새벽이어서 너는 그 날 빈 언니 집에서 잤고 다음 날 들어가기로 했다. 걱정이 많았는데 서가 이렇게 말했다. 언니 나 후회 안 해 후련하고 좋은 시간 보냈어 라고. 걱정이 덜어졌다. 다행이었다. 너의 선택에 후회가 없어서, 너무 힘들어하지 않아서 다행이었다.

  다음 아침 날이 밝자마자 나는 빈 언니 집으로 갔다. 늘 완벽한 모습만 보이고 싶어 했던 네가 처음으로 나한테 화장하지 않은 생얼을 보였는데 나는 꾸미지 않은 너의 모습도 예뻐 보였다. 같이 밥을 먹은 후 서를 집에 보냈다. 또 하나의 새로운 추억이 생겨서 나는 좋았다. 그렇게 집에 들어간 너는 생각만큼은 아니지만 많이 혼났다.

  이 일 뒤로도 서는 처음으로 술에 취해 집을 안 들어간 날이 있었고 그 이후로도 한 번 있었다. 걱정이 됐다. 한 번도 그러지 않던 네가 이런 모습을 보이는 게 정말 많이 힘들고 집이 그렇게도 가기 싫구나가 너무 느껴졌다.

  어머님도 서도 서로 너무 사랑하는 게 내 눈엔 보이는데 사랑하는 방식이 달라 하고 싶은 말을 솔직하게 하는 게 아닌 상처 주는 말들뿐인 대화로 인해 둘이 멀어지는 게 슬펐다.
  너도 어머님도 힘든 게 느껴진다. 그치만 서가 말하길 우리 엄마는 절대 바뀌질 않으실 거야. 내가 잘하면, 내 꿈을 이루면 그 때 인정하실 거야라고 말했다.
  나는 이렇게 생각했다. 언젠가 서의 어머님이 우리의 연애를 존중해주시고 변화가 있을 수도 있지 않을까.

모처럼 친구가 집에 놀러왔다. 그 친구의 이름은 슬이다. 슬은 내가 축구부 처음 들어갔을 때 인사해줬던 친구고 14살 때부터 22살인 지금까지 제일 친한 친구이다. 내가 할머니가 될 때도 옆에 있는 사람은 슬이라고 말할 수 있을 정도로 우린 깊게 친한 관계였다. 슬이랑 엄마랑 나랑 점심을 먹으려 했는데 엄마가 흉이 불러서 같이 먹을까? 라고 말해주셨다. 나는 너무 설렜다. 내 소중한 슬과 엄마를 흉이에게 소개해줄 생각에 좋았다. 그래서 바로 흉이한테 말했는데 흉도 나의 가장 친한 친구와 어머님을 보는 게 좋다고 그러자고 해줘서 같이 점심을 먹게 됐다. 흉이 평택까지 와줘서 평택역으로 먼저 데리러 갔는데 흉은 우리 엄마한테 줄 꽃을 들고 있었다. 흉은 꽃 선물하는 걸 좋아해서 나도 자주 받았었다. 어머님한테 꽃 선물해주고 싶어서 준비했다고 말하는데 나는 그런 흉이 너무 예뻐 보였다. 흉은 마음도 너무 예쁘다. 그렇게 흉을 데리고 집을 와서 엄마랑 슬이랑 흉이랑 나랑 예쁜 식당을 찾아 나갔다. 가는 차 안에서 생각보다 편하게 대화했다. 엄마는 흉을 내 친구처럼 편하게 대해주고 슬도 낯을 많이 가리는데 생각보다 말을 잘 하는 거 같았고 흉은 긴장한 게 보이지만 그래도 잘 말하네 생각했다. 그렇게 난 혼자 계속 웃으면서 식당을 갔다. 식당에 도착했는데 웨이팅이 있어서 바로 앞에 강에서 잠깐 시간을 보냈다. 햇빛 때문에 강에 윤슬이 생겨 너무 예뻐 사진도 찍고 웃으며 대화도 하고 나는 정말 행복했다. 우린 파스타 두 개와 리조 또 하나 피자 한 판을 시켰다. 횰은 정말 정말 정말 잘 먹는 편인데 그 날은 나랑 처음 만났을 때처럼 잘 먹지 못 했다. 그래서 횰이 많이 긴장하고 있구나 느껴졌다. 그럼에도 불구하고 횰은 저 잘 먹고 있어요! 이런다. 너무 귀엽다고 생각했다. 우린 밥을 다 먹고 집으로 돌아갔다. 슬은 일정이 있어서 가고 엄마는 일이 있어서 나가셔서 집엔 나와 횰 단 둘뿐이었다. 가끔 횰과 같이 살면 어떨까 그냥 아무것도 안 하고 누워서 보고만 있어도 좋겠다 생각했는데 그 생각이 현실이 되었다. 우린 침대에 누워 내가 팔베개를 해주고 서로 쳐다보며 껴안고 있었다. 그냥 보고만 있는데 너무 행복했다. 우린 서로 사랑한다고 얘기해주면서 시간을 보냈다. 그냥 그렇게 누워 대화를 하는데 2시간이 훌쩍 지났다. 횰은 이제 집을 가야 돼서 다시 평택역에 데려다주고 인사한 후 보냈다. 이 날은 평생 잊을 수 없는 날이다. 나는 하루종일 웃고 행복했다. 이제 집에 돌아와서 쉬는데 엄마가 일을 끝내고 돌아오셨다. 씻고 거실에 계셔서 나도 거실에 나갔다. 엄마 횰이 어때요 물어보니깐 엄마는 예쁘더라, 귀엽고 똑부러질 거 같다고 말씀하셨다. 그러고 오늘 어땠어요 라고 물어봤다. 엄마는 이렇게 말했다. 딸 한 명이 더 생긴 거 같네. 오히려 너가 남자를 안 만나고 사고 칠 일도 없어서 좋네. 엄마도 오늘 재밌고 행복했어. 너희 둘이 사랑하는 게 서로 쳐다보는 것만으로도 느껴지더라. 내 딸이 행복해 보여서 좋아. 싸우지 말고 오래오래 행복하게 만나. 나는 오늘이 정말로 정말로 잊을 수 없는 하루일 것이다. 늘 생각만 했던 모든 것들이 현실이구나 꿈이 아니구나. 나한테 병원 가볼래? 라고 말하던 엄마가, 어려서 그런 거라며 부정했던 엄마가 처음으로 인정해주셨다. 어떤 말로도 표현이 안 될 만큼 감사했다. 세상 모든 사람들이 동성애를 부정해도 상관 없다고 생각한다. 내가 사랑하는 엄마가 존중해주고 이해해주는데 뭐가 더 필요한가. 근데 이런 생각은 해봤다. 한국에서 동성애 결혼이 합법적이고 많은 동성애자들이 숨기지 않으면 어떨까. 여자 둘이 손을 잡고 안고 있고 뽀뽀를 해도 이상한 눈으로 쳐다보지 않지 않을까, 여자인 내가 저 여자친구 있어요 라고 말해도 당황하지 않겠지 등등 이런 생각들은 해봤다. 이 세상엔 생각보다 동성애자들이 많다. 그걸 모르는 것은 그만큼 커밍아웃하기 무서워서 숨어 있는 게 아닌가 생각한다. 그게 얼마나 힘들고 속상하고 슬픈지는 모를테지만.

작가 소개_ 박예찬

좋아하는 것만 하며 살고 싶다. 재미를 추구하고 그렇지 않은 것은 최대한 지양한다. 하지만 직접 해보지 않고는 재밌는지 알 수 없다. 그래서 일단 하고 본다. 재밌을 것 같으니까. 재미는 내가 삶을 대하는 태도이다.

여행의 속도

　내 생애 첫 해외 여행지는 스페인이었다. 배낭 하나 메고 입국장에 도착한 순간, 세상과 처음으로 마주한 아이처럼 약간의 두려움과 호기심을 갖고 바삐 돌아다녔다. 온갖 유명한 것들을 다 보고 와야 한단 생각에 부지런히 움직였다. 바르셀로나에서는 가우디의, 그라나다에선 이슬람 양식 건축물의 꽁무니를 열심히 쫓아다녔다. 가는 곳마다 인산인해를 이뤘고 사진을 남기기 위해 오른손에는 항상 스마트폰 카메라가 켜져 있었다. 하루에 30,000보 이상 걷는 건 기본이었다. 늘 해뜨기 전 누구보다 부지런히 나섰고 어두컴컴해지면 숙소에 들어와 기절하듯 잠들었다. 이를 반복하길 며칠, 그날도 여느 때와 같이 이른 아침에 일어나 관광객이라면 꼭 들러야 하는 도시인 세비야로 거처를 옮기기로 한 날이었다. 하지만 내 몸은 움직이길 망설였다. 여행하기 싫다는 생각이 이미 머릿속에 가득 차 있었다. 이상했다. 내가 생각한 해외여행은 분명 낭만적이고 즐거움으로 가득 차 있어야 했을 텐데 더 이상 여행하고 싶지 않다는 생각과 함께 여행 온 것을 후회하기 시작했다. 나는 여행에 싫증을 내고 있었다. 가우디의 건축물은 하나 같이 웅장했지만, 단지 그뿐이었고 여운은 그리 오래가지 않았다. 밥 한번 먹으려고 해도 한 시간 기다림은 기본, 사진은 열심히 찍고 나선 다시 꺼내 보지 않았다. 여행이 하나도 재밌지 않았다.

 이대로 남은 일정을 똑같이 보낸다면 정말 후회할 거란 생각이 들어, 가기로 한 세비야행 버스를 취소했다. 그리고 침대에 누워 지금 내가 가장 원하는 게 뭔지 생각했다. 생각하는 덴 그리 오랜 시간이 필요하지 않았다. 바로 바다였다. 시야가 탁 트인 넓은 바다가 필요했다. 한적한 바다 앞 모래사장에 하루 종일 누워있고 싶었다. 그래서 바다가 있는 도시 중 지금 갈 수 있는 가장 빠른 버스를 찾았다. 찾아낸 목적지는 스페인 남부의 해안 도시 '말라가'였다. 아무 정보도 없이 말라가행 버스에 올라탔다. 친절한 기사님과 화창한 날씨까지 시작이 좋았다. 도착하자마자 가장 싼 게스트하우스에 짐을 풀고 바다를 보러 갔다. 모래 위에 누워서 바다를 바라보는데 정말 행복했다. 동시에 왠지 모를 해방감도 느껴졌다. 인파 속에 떠밀려 다니지 않아도 되고 만족스러운 사진을 찍으려 애쓰지 않아도 됐다. 한적한 바다를 보며 오랫동안 누워있었다. 같은 만족감이라면 과정이 뭐가 그리 중요할까. 그동안은 과정에도 옳은 길이 있다고 믿어왔던, 여행의 주체가 나 자신이 아닌 여행을 했었다.

  이런저런 생각을 하다 보니 허기짐이 올라와 근처 레스토랑으로 향했다. 손님이 많진 않았지만, 고풍스러운 내부 장식이 나를 맞이해 줬다. 나는 살라미와 상그리아를 주문했고 곧 음식이 나왔다. 처음 먹어본 살라미는 엄청나게 짰다. 너무 짜서 살라미 한입에 상그리아를 한 모금씩 마셔야 했다. 나중에야 알았지만, 그동안 갔던 다른 레스토랑에서는 한국인 방문객이 많아 알아서 덜 짜게 내어줬다고 한다. 살라미를 다 먹지 못하고 남겼지만, 짜증 같은 불쾌한 감정이 들진 않았다. 그저 음식 선택에 실패한 이 상황이 재밌었다. 항상 실패 없는 음식을 먹으려 블로그 후기를 철저히 검증한 후에야 식당에 방문했었는데 이번이 첫 실패였던 셈이다. 실패는 생각보다 별것 없었다. 다음에는 덜 짜게 해달라고 말하면 그만이었다. 내 원래 목적은 세계 최고의 살라미를 먹는 것이 아닌, 그저 살라미를 먹어보는 것이니까. 레스토랑을 나와 근처를 걸었다. 무언가를 찾아다니거나 스마트폰 카메라를 켜지 않고 그냥 걷기만 했다. 다른 사람들은 뭘 먹고 마시는지 구경하고 작은 골목 사이사이도 다녔다. 걷는 데는 이유가 있다고 믿어왔다. 당연히 목적지가 존재했고 그곳에 더 빠르게 도달하는 일이 걷는 행위의 목적이라 여겼었다. 하지만 특정한 목적지가 없어도 아무 문제가 없었다. 불분명한 목적지와 헤매고 있는 상황에서 진실한 걷는 행위의 목적을 찾았을지도 모르겠다.

 이른 저녁 숙소에 돌아와서는 게스트하우스 사람들과 대화를 나눴다. 나에게 숙소는 항상 잠만 자는 곳이었기 때문에 그동안은 다른 사람과 대화해본 적이 없었다. 가만히 앉아 있기만 해도 사람들이 말을 걸어왔다. 다양한 국적의 사람들을 만나 이야기할 수 있었고 그들 각자의 여행 이야기는 매력적이었다. 한 프랑스 사람은 어떠한 디지털 기기 없이 종이 지도와 스페인 회화책 한 권만을 가지고 여행하는 중이었고 어떤 인도 사람은 50이 넘은 나이에 회사 대표직을 내려놓고 미술 교사가 되기 위해 공부하던 도중 영감을 얻으려 이곳에 왔다고 했다. 여행의 계기나 방식이 다들 너무 다양했다. 하지만 그들에게도 공통점은 있었다. 자신이 원하는 여행을 하고 있었다는 것. 여행의 기준이 타인이 아닌 자기 자신이었다는 것. 모든 사람은 다르다. 그러니 여행 방식도 다를 수밖에 없다. 내가 원하는 때에, 원하는 곳을, 원하는 방식으로 여행하면 그만이었다. 여행에 정도란 존재하지 않는다.

더 이상 말할 힘도 없는 늦은 밤이 돼서야 다들 지쳐 자기 자리로 돌아갔다. 나도 돌아와 침대에 누웠는데 설명할 수 없는 만족감이 가득 차올랐다. 이 모든 일이 하루 동안 일어난 일이라는 게 놀라웠다. 바쁘게 남들이 좋아하는 것을 쫓아다니다 나의 속도로 하루를 지내니 훨씬 만족감이 컸다. 다양한 옷 종류만큼 여행하는 방식도 다양하다. 기대했던 여행이 실망스러웠다면 그건 맞지 않는 옷을 입어서 일지도 모른다. 다양한 옷을 입어보고 어떤 스타일이 나에게 맞는지 찾는 과정처럼 여러 여행을 경험해 보고 내 여행 방식을 찾아야 한다. 가우디의 건축물만 찾는 행위가 잘못되었다는 것이 아니다. 원한다면 그렇게 하면 된다. 단지 나는 건축물보단 자연이 좋았고 바쁘게 보기보단 다 보지 못하더라도 여유롭게 보는 것이 좋았다. 꼭 먹어봐야 하는 음식보단 현지 음식을 먹어본 경험이면 족했고 사진을 찍기보다 눈에 담길 원했다. '말라가'에서의 하루가 내 여행의 방식을 완전히 바꿔놓았다. 이제는 나에게 맞는 여행의 속도를 찾아냈다. 물론 다음 여행에서는 다시 빠르게 뛰어갈 수도 있지만 나는 나를 잘 안다. 얼마 못 가 지쳐 다시 원 속도로 돌아올 것이다. 그리고 제 옷을 찾은 듯 편안함과 만족감을 느낄 게 분명하다.

당신은 어떻게 살아가고 있습니까?

 언젠가 집에 다 이르렀을 때, 듣고 있던 노래의 여운을 더 느끼고 싶어 천천히 걸었던 적이 있다. 이따금 듣던 노래인데 그날따라 음악의 멜로디와 가사가 깊숙이 감정을 흔들었다. 배경은 어두운 여름밤이었고 적당히 서늘한 바람과 주변에 아무도 없는 고요함이 섞여 나를 행복한 상태로 이끌었다. 자주 이러한 순간들이 희소해서 소중하다는 착각을 한다. 사실은 항상 곁에 있지만, 내 감각이 이 사실을 또 망각한 채 느끼지 못할 뿐인데…

 우리는 일상에서 쉼 없이 관찰하며 살고 있다. 본다고 표현하는 게 더 정확할지도 모르겠다. 보는 것은 지극히 수동적이고 의식이 담겨있지 않으니까. 둘 다 상대를 인식하는 행위이지만, 관찰에는 가장 적극적인 형태의 의식이 담겨있다. 당장에 밖을 나가 길을 걸어보면 나무나 건축물, 벌레처럼 수많은 유

기체와 무기체가 우리 주변을 채우고 있다. 나무라는 존재는 내가 인식했기에 비로소 나무가 됐고 인식하지 않는다면 그저 세포 덩어리에 지나지 않을 뿐이다. 나는 대상을 인식하여 관찰하는 일을 몰입이라 부른다. 몰입은 나에게 주는 관심의 표현으로 내가 세상을 잘 살아가고 있는지 물어보는 따스한 관심이다. 하지만 몰입의 단계로 넘어가는 일은 어렵다. 어찌나 종류도 다양하던지 많은 장애물이 몰입을 방해한다. 오늘은 무관심의 모습으로 어제는 유혹의 모습으로 때로는 순응의 모습으로 나타난다. 하루에도 몇 번씩 그들에게 굴복하기를 반복한다. 어쩌면 내 인생의 절반은 굴복했던, 후회로 점철된 삶이었을지도 모르겠다.

 나는 무관심을 후회한다. 인간관계의 유한함을 알면서도 그들이 영원히 내 곁에 머물 것처럼 행동했다. 그들을 당연히 사랑했고 인연을 여럿 소중히 여겼다. 하지만 관계의 거리가 차츰차츰 가까워지고 견고해 지면서 소중한 마음보단 당연한 마음이 더 커졌다. 내가 사랑한다고 생각하는 사실을 알 거라는 이기적인 마음에 사랑을 표현하지 않았다. 다들 이렇게 살아간다고, 표현하지 않아도 알아줄 거라고 나에게 면죄부를 줬다. 이기적인 논리 속에서 무관심은 자연스러우며 당연해졌다. 아마 그들이 떠나갈 때, 나는 후회할 게 분명하다. 스스로를 자책

하며 '왜 더 잘해주지 못했을까', '왜 내 마음을 더 표현하지 못했을까'. 더욱 슬픈 사실은 기회가 한 번 더 주어진다고 해도 이미 사랑을 표현할 방법을 잊어버려 다시 후회할 거란 사실이다.

 나는 유혹을 뿌리치지 못한 일을 후회한다. 모든 일에는 순서가 있고 가치에 따라 중요한 일과 덜 중요한 일을 구분했다. 당연히 중요한 일 먼저 행하는 게 순리지만 중독은 중요하지 않은 일을 내 삶의 우선순위로 만들었다. 게으름은 더 나아가지 못하게 내 발목을 붙잡았고 여러 미디어 콘텐츠는 내 시선을 사로잡았다. 중독된 현실에 안주하게 하고 나를 멈춰 서게 했다. 중독은 노력의 과정을 혐오하도록 만들었다. 오직 결과에만 집중할 뿐 과정에서 얻을 수 있는 성장이란 기쁨을 앗아갔다. 중독으로 낭비된 시간이 쌓인 만큼 후회와 죄책감은 커졌고 이는 나로 하여금 나를 갉아먹게 했다.

 나는 수동적인 삶에 순응한 것을 후회한다. 수동적인 자세로 삶의 주체를 내가 아닌 타인에게 위탁해 왔다. 중학생 때는 성적이 가장 높은 지역 인문계 고등학교를 목표로 고등학교에 진학해서는 서울 소재 대학을 목표로 살았다. 교실 밖 세상에 대한 경험은 너무나도 적었다. 교실은 서른 명이 겨우 들어가는

협소한 공간이었지만 그곳의 규칙은 광활한 세계의 법이었다. 세상의 전부였고 입시 제도는 삶의 존재 이유와 같았다. 그곳에선 직업에 귀천이 있다고 배웠다. 실외보단 실내에서 일해야 하고 얼마나 큰 실내에서 일하는지가 중요했다. 기존의 것을 답습해야 했고 정해진 규칙은 절대 벗어나선 안 될 금기와도 같았다. 이를 지키기 위해 부단히도 노력했다. 이는 내 청소년기의 전부이자 작지만 거대한 세상이었다.

 돌이켜보면 후회할 일이 참 많은 삶을 살았다. 그래서 더는 후회하고 싶지 않다. '삶은 어떻게 살아가야 하는가?'에 대한 스스로의 질문에 '후회하지 않으며 사는 것'이라는 답을 주고 싶다. 후회는 나를 망치고 현재를 망친다. 흘린 물은 주워 담을 수 없고 과거의 잘못도 그렇다. 이미 엎질러진 물을 주워 담으려는 모습만큼 어리석은 일도 없다는 것을 안다. 나는 후회하지 않는 삶을 살기 위해 매 순간을 살아가기로 했다. 매 순간이 모여 하루를 만들고 그렇게 모인 하루가 삶을 이룬다. 삶을 사는 건 매 순간들을 살아가는 일이다. '그렇다면 삶을 어떻게 살아야 잘 사는가?'에 대한 질문도 명확해진다. 매 순간들을 잘 살아가면 된다. 몰입해서, 의식하고 관찰해서 삶을 산다면, 후회할 일은 없을 것이다. 내가 지금 몰입해야 할 일을 중요한 일부터 차례대로 행하면 된다. 몰입은 그리 거창한 일이 아니다.

음악을 들으며 길을 걷거나 소중한 누군가와 대화를 하면서 그 순간을 최대한 즐기자. 기쁨의 감정을 마음껏 만끽하고 이 순간의 소중함을 깨닫자. 그뿐이면 된다.

 그렇다고 해서 슬픈 일이나 불행한 일이 인생에 없진 않을 것이다. 슬픔이나 불행과 같은 고난은 삶을 구성하는 필수적 요소임을 우리는 알아야 한다. 우리는 홀로 살아갈 수 없고 미래를 예측할 수도 없다. 인간은 연약하다. 죽음이 있기에 삶이 값지고 고난이 있기에 행복을 누린다. 어둠이 없다면 빛은 더 이상 빛이 아닌 것처럼. 고난의 순간까지도 몰입하여 살아간다면 이보다 삶을 더 잘 살아갈 수는 없을 것이다. 후회가 그림자조차 비치지 못하는 삶을 살아가는 것이다.

 나는 소중한 지금을 잃고 싶지 않다. 그래서 관심을 주기로 했다. 무관심했던 존재들에게 적극적으로 관심을 표현하기로 했다. 늘 가까이 있었기에 앞으로도 가까이 있을 거란 착각을 했었다. 살면서 당신과 마주한 일이, 실은 로또에 당첨될 확률보다 어려운 일이었음을 안다. 소중한 인연이며 기적임을. 언젠가 마주할 이별에 후회하지 않기 위해서라도 이 사실을 잊지 않고 살아가려 한다. 그런 다음, 스스로를 파괴하는 유혹을 뿌리치고 능동적인 자세로 삶을 살아가기로 했다. 하고 싶은 일이 많다면서 하지 못하는 나에게 앞으로는 후회보단 매 순간을 선물해 주려 한다. 삶의 목표를 내가 계획하고 이를 이루기 위해 부단히 노력하고 값진 결과를 얻었을 때의 기쁨을 온전히 누리려고 한다.

 언젠가 집에 다 이르렀을 때 좋아하는 노래가 없어도 기분 나쁜 감정과 고통만이 남아 나를 괴롭혀도 행복함을 떠올릴 수 있기를 바라며 살아간다.

작가 소개_ 이승환

2001년에 태어나 강릉에서 살아가고 있습니다. 글은 사람들에게 다가가 필요한 답을 준다. 보이지 않는 누군가에게 위로를 해주는 일이 저한테 꽤나 인상 깊었습니다. 나의 이야기로 불특정 다수에게 도움이 되어주는 경험을 찾고 있었나 봅니다. 선망에 대상만으로, 받은 감정을 정리 하기 싫었다. 그래서 지금 여러 환경속에서 언어를 다루는 활동에 참여를 하고 있다.

잃어버린 소중함

 우리는 어느 학생회 구성원 보다 더할 나위 없이 좋은 친구였다. 학생회에 들어가기 전까지는.

 나는 20학번. 코로나를 정통으로 얻어 맞은 세대로 불린다. 군대에서 전역하고 거진 3년이라는 시간이 걸려서야 동기들과 처음 만났다. 우리는 이미 알고 있던 사이처럼, 같이 있는 시간이 행복했다. 복학생 중에는 학생회를 하는 친구가 있었고, 그에게 임원진이 될 것을 권유받았다. 어쩌다 보니 3학년이 되어 복학생 6명이 모두 학생회에 들어가게 됐다. 공적인 공간안에서도 잘할 거라 믿었다. 걱정 따위는 전혀 하지 않았다. 그러나 서로가 원하는 학생회의 방향은 달랐다. 한 쪽은 적당히 하자라는 마인드였고, 한 쪽은 완벽하게 하자는 마인드였다. 그 사이에서 갈등이 깊어 졌다. 누군가는 친구라는 이유로 불만을 삼켰고, 누군가는 과도한 열정에 빠져 주장을 내세우기 바빴다. 현재 학회장은 작년에 학생회 임원진으로 활동했다. 그럼에도 불구하고 행사를 준비하는 과정에서 미흡한점이 한두 개가 아니였다. 버스는 어디서 대절해야하는지, MT를 허락받기 위해 학과장님에게 어떤 보고를 해야하는지, 인원들의 학생회비는 어떻게 걷어야 하는지 등 기본적인 구조조차 모르는 듯했다. 자리가 무거웠던 것일까. 학회장은 자신의 부족함을 들키기 싫어했다. 일의 수습이 간신히 끝난 뒤, 원래 알고 있는 일이었다는 듯 말하고 급히 사라지곤 했던 것이다. 그는 사과와 인정보다는 자신의 자존심이 우선이었다.

  임원진들은 같은 일을 한 번에 처리하지 못하여 반복하기 바빴다. 결국 다른 학과 학생회 친구들에게 물어보고 의지하며 일을 처리해 나갔다. 학회장이 친구이기도 했기에, 잘못된 점을 지적하였지만, 그는 끝내 변하지 않았다. 결국 MT가 끝난 후, 서로가 지녔던 각각의 크기의 폭탄들이 터졌다. 임원진들은 세미나실에 모여 서로의 생각들을 말했다. 대부분은 학회장의 부족한 점을 호소하는 것이었다. 임원진들의 이야기가 끝난 후, 학회장은 아무런 말도 하지 않고 회의를 종료하고 나갔다. 서로를 조금만 더 신경 썼더라면 일어나지 않았을 일이었다. 우리는 그를 비난하기 바빴고, 그가 학회장으로서 어떤 생각을 지니고 있는지는 아무도 묻지 않고 알려고도 하지 않았다. 가볍게 서로 터 놓을 수 있는 시기를 놓치고 만 것이다.

회의가 끝난 후, 문득 아버지와 어머니의 관계에서 느꼈던 어릴 적 감정이 올라왔다. 아버지는 28년차 공군 장교 예비역이다. 군인의 지조보다는 항상 미소를 품었고, 어느 부대를 가든 모두에게 따뜻했다. 후배의 실수를 감싸주기 위해 대신 감봉이라는 징계처분을 받은 일이 있을 정도였다. 그러나 아쉽게도 남들을 돕는 것만큼, 어머니를 생각해 주지는 않았다. 어머니는 공군 장교의 부인이 되자마자 30년 살던 고향을 떠나야만 했고, 자신의 꿈이었던 은행원도 포기했다. 모두 아버지의 꿈을 이루어주기 위함이였다. 시간이 흘러 아버지에게도 정년퇴임의 때가 찾아왔고, 한동안 길게 살아야할 터전을 정해야 할 시기가 왔다. 서울, 강릉, 안양. 서울은 자식을 위한, 강릉은 아버지를 위한, 안양은 엄마를 위한 장소였다. 나는 안양으로 가길 바랐다. 거기는 엄마의 본가이기도 했고, 그간 자신의 삶을 뒤로 미루고 헌신한 수많은 세월을 보상 받을 만한, 그러니까 엄마가 새로운 인생을 살기에 최적의 장소였던 것이다. 누나도 같은 생각이었다. 그럼에도 아빠는 강릉으로의 이사를 강행했다. 그는 엄마가 어떤 생각을 가지고 있는지는 전혀 모르는 듯했다. 아버지는 평소에도 어머니가 오랜만에 친구가 보고 싶다든지, 노래를 다시 배우고 싶다든지, 서예를 다시 써보고 싶다든지, 이런 사소하지만 소중한 것들에 대해서, 알려고 하지 않았다.

우리는 너무 가깝다는 이유로 종종 서로의 마음을 알기 위해 노력하지 않고 표현하지 않는다. 그리고 상대방이 나의 처지를 이해해 주길 바란다. 우리가, 제일 먼저 챙겨주고 마음을 쏟아내야 할 사람이 있다면, 가장 곁에 있는 사람이어야 하지 않을까. 학생회에서도 준비를 하는 동안 서로가 가족이 되야한다. 다툼이 있기 전에, 남을 챙기기 보다, 서로가 소중하기에 먼저 챙겨줬더라면 어땠을까. 겉도는 친구가 있을때, 잠시 멈추고 같은 보폭으로 나아갔다면 친구를 지킬 수 있었다.

작가 소개_ 이진희

향이라는 게 참, 사랑스러우면서도 서글픈 거 있죠. 저는 그 향을 마주하는 시점에 따라 둘로 나누어진다고 생각합니다. 사랑하고 있다면, 그래요. 배려하고 싶어진다면 그 향은 참으로 사랑스럽게 다가옵니다. 반면, 배려하고 싶음에도 불구하고 할 수 없는 상황이라면 그 향은 참으로 서글프게 다가오고는 합니다.

이 글을 읽는 이에게 전하고자 합니다. 그대가 느끼는 그런 향들이 있다면요. 그대 또한 다른 이들에게 그런 향이랍니다. 후회 없이 사랑하세요. 배려하세요. 끝이 나는 관계라면, 후회 없이 행한 그대는 곧 느끼게 될 거예요. 그대는 온 힘을 다했다고, 온전히 사랑해버렸다고 말이죠. 상황을 배려하고 상대를 배려한다면 곧 그대는 그것들과 함께하게 될 것이니 너무 초조해 하지 말아요. 불안해하지 말아요. 그대가 선택한 그 향은 옳을 수밖에 없답니다. 그만큼 그대가 다정한 사람이니까요.

자연에 스며드는 요정이 되어 봅시다. 잔잔한 호수 위를 나르며, 호숫가에 피어오른 꽃 위를 놀리며 돌아다녀 봅시다. 그렇게 도달한 나무에 기대어 조잘조잘 떠들고, 끝내 올라간 하늘에 몸을 맡기며 춤을 춥시다. 그만한 행복이 또 어디에 있을까요. 그 향에 취해 웃음을 지어 보이는 날도 있고 그런 날이면 그대가 가장 아름다울 수밖에 없습니다.

향기와 대화

 '너'와의 약속 전날 밤은 항상 마음이 달뜬다. 당일에 만나게 될 상대에 대한 기대도 있겠지. 무엇을 할지에 대한 기대와 함께, 무슨 옷을 입을지도 고민될 테고. 그중에도 나를 더욱 들뜨고 하는 건, 그날 뿌릴 향수를 고르는 일이다. 당일 약속 장소로 가기 전에 생각해도 충분할 테다. 하지만 전날에 골라놓은 옷과 화장에 어울리는 향을 고르는 일은 매번 즐거우니까. 나는 그것으로도 충분하다. 나는 그렇게, 상대가 좋아하는 향을 준비하거나 상황에 어울리는 향을 준비하곤 한다.

 나의 약속 대상과 처음 만난다면, 보편적으로 무겁지 않은 향이 필요하다. 무거운 향이 코와 맞닿게 되면 다소 주저하게 되니까. 나는 그런 상황이 오지 않으면 좋겠다. 그저 강렬한 첫인상 뒤로 따라오는 생각이 피어나지 않기를 바랄 뿐이다. 그런데도, 흥미를 끄는 향의 근원지를 찾은 뒤 피어나는 표정이 궁

금해진다. 호기심으로 가득 찬 상대의 눈을 마주하고 싶은 욕심이라고나 할까. 그렇게 그 향의 근원지를 찾고 나면 그 예상의 같고 다름에 따라 상대에 대한 확신이나 물음이 피어오른다. 다가가기 어려운 상대라는 확신이 서기도, 다가가도 되는지에 대한 물음과 같은 그런. 처음부터 벽을 걸어 세워버리면 아무도 넘으려 하지 않는다. 그런 벽을 스스로 허물어 상황에 자연스레 스며드는 걸 바람이 사람이 되었으면 한다. 필요한 향을 찾으며, 나를 표현하는 향도 함께 고민할 것이다. 이건 몹시 어렵고 섬세한 일이다. 굳이 그렇게까지 해야 하나 싶겠지만, 상대와 나를 위하는 일이다. 향이란 건 그런 법이니까. 사실 이 모든 건, 너무 독하지 않으면서 금방 잊히어지지 않기를 바라는 나의 발버둥일지도 모른다.

  지난 금요일에는 그와 벚꽃을 보러 갔다. 연보라색 원피스도 입었다. 화장은 맑으면서도 생기있게, 내가 봄인 것처럼 계절에 스며들도록 꾸몄다. 잊지 않고 무겁지도 너무 가볍지도 않은 향수 두 개를 섞어서 뿌렸다. 꿀벌이 따라올 정도의 달콤함과 봄의 따스함이 담긴 포근한 향이 사랑스럽다. 그렇게 나를 꾸민 이후의 만족감은 무척 높았다. 게다가 함께 벚꽃을 볼 그가 좋아하는 향이기를 그렇게, 즐거운 추억에 누가 되지 않기를 바라는 마음을 안고 나선다.

거리를 장식해야 하는 벚꽃은 만개하지 않았다. 흐드러지게 꽃을 피워낸 벚나무가 있는가 하면, 얼마나 어여쁘게 피워낼 마음인지 꼭꼭 감춘 벚나무도 있었다. 다른 봄, 흐드러지게 피어나서 그와 다시 걸을 길이 상상되어 괜히 더 설레었다. 그래도 그날 그와 손잡고 거니는 길이 만개하지 않았지만 즐거움은 만개하고 있었다. 향이 없는 꽃나무를 보러 가서, 나의 향을 자랑하기도 하고, 서로의 취향을 눈치채기도 한다. 그렇게 집으로 돌아가는 길은 향과 추억으로 가득 차올랐다. 더하여 다음을 기약하고, 소중한 하루를 향기에 흘리어 보낸다.

매력적인 사람이 되는 건 참으로 매혹적인 일이지 않은가? 난 향기를 은은하게 내보이는 사람을 보면 가슴 한 부분이 간지럽다. 이런 걸로도 매력을 느끼기 때문이다. 사람은 살면서 '매력'에 사로잡혀 버리는 것만 같다. 예시라 한다면, 동물이나 상황 혹은 사람의 매력을 말할 수 있겠네. 귀여움과 특별함 그리고 색다름에 이끌리는 그런 '매력' 말이다. 더불어 특정 부분이 강한 사람 혹은, 내 단점이 상대에게 장점으로 불리는 신기한 경우이지 않을까. 활발한 성격인 내가 되려, 진중한 상대에 끌리기도 한다. 나와 다른 모습이 생소하게 다가오면 관심이 일기 마련이다. 내가 매력적이라는 사람의 이야기를 들어 보면, 내가 참 긍정적이고 편안한 마음을 불러오는 사람이 되어 있었다. 그들은 나와의 대화로 즐겁고, 다음이 기대된다며 웃음을 보이기도 한다. 그저 내가 상대에게 끌리기만 하는 줄 알았으나, 상대도 나에게 끌리게 된 것이다. 그럴 때면 더 좋은 사람, 꽤 괜찮은 사람이 되고 싶다. 나는 그 웃음에 보답이라도 하고파 더욱 애쓰는 감도 없지 않았다. 그렇게 사람은 매력에 사로잡히다가도 '매력적인 사람'이 되려고 한다.

서로를 칭찬할 때, 너는 참 매력적인 사람이라 들은 적이 있었지. 그런 말을 들으면 괜스레 웃음이 나게 기분이 좋다. 상대 눈에 보이는 나의 또 다른 가치가 생긴 거니까. 그리고 내가 그 말을 건넬 때, 그 순간은 참으로 벅차오르기 마련이다. 매력을 느끼는 사람과 함께 대화를 나누면서 둘의 사이가 깊어짐을 느끼기 때문이다. 서로에게 매력적이라 끌려오는 사람이라면 어떻게 상대라는 호수에 빠지지 아니할 수 있을까. 나의 발랄함을 배로 출렁이게 한 그 다정함은, 잔잔히 흘렀거나 혹은 고요한 호수로 살아왔더랬지. 그런 내가 어찌 미워할 수 있겠나. 호수를 거니는 요정으로 만들어 주는 그 넓은 품을 누가. 그저 숲의 내음을 즐기며 날아오르는 요정은 기필코 나무와 호수를 사랑하게 된다. 서로를 원하는 시간, 둘만 아는 대화가 향기 속에서 넘어 든 것이다. 활발한 요정이 되레, 진중한 자연에 끌려 그 자체가 되기 위해 넘어 드는 상황이 아리따울 뿐이다.

그렇게 새로운 세상을 마주하기 전, 나는 잊지 않고 무겁지도 너무 가볍지도 않은 향수 두 개를 섞어서 뿌린다. 섞어 뿌린 향수는 곧 적당한 향이 되어 버린다. 그런 것처럼 어쩌면 우리는 각자의 향을 나눠 가진 채로 살아가는 게 아닌가. 그렇게 우리는 적당하고 완벽한 향을 가지게 된다. 마음에 드는 향을 찾아, 더욱 완벽한 향이 되려 사랑한다. 상대를 위하며, 상황을 위하며, 끝내 나를 위한 배려를 뽐낸다. 나를 더욱 완벽히 가꾸기 위해, 그렇게 우리는 사랑한다. 나를.

> 당신의 바다는
> 삶을 받아쓰는 당신을 응원합니다.

책 제목 당신은 어떻게 살아가고 있습니까?

2024년 5월 31일 발행

저　자 금영현　김은서　박예찬　이승환　이진희
펴낸이 김민섭
꾸민이 진포인쇄
펴낸곳 당신의바다

출판등록
주소 강원특별자치도 강릉시 보래미하길 43번길 18
이메일 xmasnight@daum.net

ISBN 979-11-93847-14-5 (03810)

이 책은 2024학년도 국립대학육성사업 지원으로 제작 되었습니다.